दास्तान ए मोहब्बत

नुसरत परवीन

XpressPublishing
An imprint of Notion Press

XpressPublishing
An imprint of Notion Press

Old No. 38, New No. 6
McNichols Road, Chetpet
Chennai - 600 031

First Published by Notion Press 2020
Copyright © Nusrat Parveen 2020
All Rights Reserved.

ISBN 978-1-64892-548-1

This book has been published with all efforts taken to make the material error-free after the consent of the author. However, the author and the publisher do not assume and hereby disclaim any liability to any party for any loss, damage, or disruption caused by errors or omissions, whether such errors or omissions result from negligence, accident, or any other cause.

While every effort has been made to avoid any mistake or omission, this publication is being sold on the condition and understanding that neither the author nor the publishers or printers would be liable in any manner to any person by reason of any mistake or omission in this publication or for any action taken or omitted to be taken or advice rendered or accepted on the basis of this work. For any defect in printing or binding the publishers will be liable only to replace the defective copy by another copy of this work then available.

क्रम-सूची

1. अध्याय 1 — 1

खण्ड 1

2. अध्याय 2 — 5
3. अध्याय 3 — 6
4. अध्याय 4 — 7

खण्ड 2

5. अध्याय 5 — 11
6. अध्याय 6 — 12

खण्ड 3

7. अध्याय 7 — 15

खण्ड 4

8. अध्याय 8 — 19

खण्ड 5

9. अध्याय 9 — 23

अध्याय 1

देखा था जब , तुम्हे पहली बार ... हो गया था दिल , मेरा बेकरार

लगाई थी दिल ने , मेरी गुहार ... ये जिंदगी अब , उसी संग गुजार

अच्छा लगता था , बस तुम्हे ताकना ... चोर नज़रो से था , बस तुम्हे झांकना

बातो से अपनी , मुझे छेड़ने लगे ... हौले हौले से तुम , मेरे होने लगे

dekha tha jab, tumhe pahli baar... ho gaya tha dil, mera bekaraar

lagaayi thi dil ne, meri guhaar... ye jindgi ab, usi sang gujaar

accha lagta tha, bas tumhe taakna... chor nazro se tha, bas tumhe jhankna

baato se apni, mujhe chhedne lage... haule haule se tum, mere hone lage

अध्याय 2

फिर खवाबो में मेरे , तेरा आना जाना हुआ . ..
धीरे से दिल मेरा , तेरा दीवाना हुआ
तुम्हारे लिए दुनियां से , बेखबर हुए ... लगा जैसे
मेरे लिए , तुम कुदरत की मेहर हुए

phir khawaabo me mere, tera aana jaana hua...
dheere se dil mera, tera deewana hua
tumhare liye duniyan se, bekhabar huye... laga
jaise mere liye, tum kudrat ki mehar huye

अध्याय 3

आने से तुम्हारे बदल गयी थी , मेरी जिंदगानी ...
फिरने लगी थी , मई हो कर तेरी दीवानी
तुमसे मिल के लगा था , मिला जैसे कोई सहारा
... किया था जिंदगी ने , जैसे कोई इशारा

aane se tumhare badal gayi thi, meri jindgaani...
phirne lagi thi, mai ho kar teri deewani
tumse mil ke laga tha, mila jaise koi sahaara...
kiya tha jindgi ne, jaise koi ishaara

अध्याय 4

तुम्हे न देखु तो, इन आँखों को ऐतराज था ...मेरी
धड़कनो प्र चला करता, तुम्हारा राज था
तुनसे दिल की बात, कहने से डरा करते थे ...
बताना मुश्किल था, की कितना तुम पे मरते थे

tumhe na dekhu to, in aankho ko aitraaj tha...meri dhadkano par chala karta, tumhara raaj tha
tunse dil ki baat, kahne se dara karte the... batana mushkil tha, ki kitna tum pe marte the

अध्याय 5

एक दिन देखा , जब तुम्हे किसी के संग ... लगा
जैसे न रहे , अब जिंदगी में रंग
हो गया वो मेरी , मोहब्बत से ऐसे जुड़ा ... लगने
लगा रूठ गया , मुझसे जैसे खुदा

ek din dekha, jab tumhe kisi ke sang... laga jaise
na rahe, ab jindgi me rang
ho gaya wo meri, mohabbat se aise juda... lagne
laga rooth gaya, mujhse jaise khuda

अध्याय 6

टूट कर दिल मेरा, चकना छुर हुआ ... मेरा इश्क़
मुझसे, पल भर में ही दूर हुआ
मेरी एक तरफ़ा मोहब्बत, रह गयी अधूरी ... मेरी
'दास्ताँ -इ -मोहब्बत ', हुयी न कभी पूरी

toot kar dil mera, chakna choor hua... mera ishq
mujhse, pal bhar me hi door hua
meri ek tarfa mohabbat, rah gayi adhuri... meri
'daastan-e-mohabbat', huyi na kabhi puri

अध्याय 7

क़िस्मटी को मोहब्बत , मेरी रास न आयी ... लौट कर मोहब्बत मेरी , कभी पास न आयी
दिल ने कहा , जब दिल किसी से लगाना जमाने में ... फिर देर न करना , दिल की बात बताने

kismat ko mohabbat, meri raas na aayi... laut kar mohabbat meri, kabhi paas na aayi
dil ne kaha, jab dil kisi se lagaana jamaane me... phir der na karna, dil ki baat bataane

Enter Caption

अध्याय 8

मोहब्बत को अपनी , अपना हौसला बनाया ...बहुत मुश्किल से ,दिल को अपने समझाया
किसी के बिना , जिंदगी अधूरी नहीं होती ... सच कहते है लोग , सच्ची मोहब्बत पूरी नहीं होती

mohabbat ko apni, apna hausla banaya...bahut mushkil se,dil ko apne samjhaya
kisi ke bina, jindgi adhuri nahi hoti... sach kahte hai log, sacchi mohabbat puri nahi hoti

अध्याय 9

मोहब्बत लाती है ख़ुशी , तो कभी आँख में पानी ... लोग दिल की सुनते है , दिल तो करता है मन मानी

वो 'दास्ताँ -इ -मोहब्बत ' ही क्या , जो मांगे न क़ुर्बानी ... कभी कभी अधूरा इश्क़ , बन जाता है एक निशानी

mohabbat laati hai khushi, to kabhi aankh me paani... log dil ki sunte hai, dil to karta hai man maani

wo 'daastan-e-mohabbat' hi kya, jo maange na qurbaani... kabhi kabhi adhura ishq, ban jaata hai ek nishaani

दास्तान ए मोहब्बत

www.ingramcontent.com/pod-product-compliance
Lightning Source LLC
LaVergne TN
LVHW041717060526
838201LV00043B/789
* 9 7 8 1 6 4 8 9 2 5 4 8 1 *